LE LIVRE

DES

PETITS ENFANTS

LE LIVRE

DES

PETITS ENFANTS

CONTENANT DES EXERCICES DE LECTURE

ET UN ALPHABET ILLUSTRÉ DES ANIMAUX

SUIVI DE

COMPLIMENTS ET FABLES

POUR LE JOUR DE L'AN ET LES FÊTES

PAR

Mme DOUDET

PARIS

THÉODORE LEFÈVRE, LIBRAIRE

SUCCESSEUR DE J. LANGLUMÉ

RUE DES POITEVINS, 2

1862

LETTRES MAJUSCULES

A B C D E

F G H I J

K L M N O

P Q R S T

U V X Y Z

LETTRES MINUSCULES

a b c d e f g
h i j k l m n
o p q r s t u
v x y z

LETTRES ITALIQUES MINUSCULES

a b c d e f g h i
j k l m n o p q r
s t u v x y z

LETTRES DOUBLES

æ œ fi ffi fl ffl ff w

VOYELLES

a e é è i o u

CONSONNES

b c d f g h j k l m

n p q r s t v x z

EXERCICES

c l d b u v m z s

a e h y n q f w g

i o r p j t

SYLLABES

ba	ca	da	fa	ga	ja
la	ma	na	pa	ra	sa
ve	xe	ze	re	pe	ne
ge	me	ce	te	be	se
mi	ci	ti	bi	ri	pi
di	xi	si	li	gi	ni
vo	lo	do	go	no	so
co	ro	bo	mo	to	po
bu	ru	pu	nu	tu	lu
fu	du	gu	vu	mu	su

MOTS D'UNE SYLLABE

arc air art bas bon

col cri cru dur dos

eau fou feu fer gai

MOTS DE DEUX ET TROIS SYLLABES

a-mi   du-pe   ga-re

ju-ge   hi-bou   é-tui

ce-ri-se   di-net-te

é-pi-ne   gé-né-ral

na-vi-re   pa-na-de

Le chien aboie.

Le cochon grogne.

Le cheval hennit.

Le taureau beugle.

L'âne brait.

Le chat miaule.

L'agneau bêle.

Le lion rugit.

Le loup hurle.

Le renard glapit.

Le moineau pépit.

Le corbeau croasse.

Le pigeon roucoule.

Le coq chante.

Le serpent siffle.

La poule glousse.

La pie babille.

Le lièvre court.

Dieu est bon.

Mon cher papa.

Ma chère maman.

Mon petit frère.

Ma petite sœur.

Un petit garçon.

Une petite fille.

Une belle poupée.

Un joli tambour.

Un grosse toupie.

Un vilain polichinelle.

Mon petit chat.

Son oiseau chéri.

Un beau papillon.

Une bonne raquette.

Un gros ballon.

SIGNES ET EXERCICES D'ACCENTUATION

Apostrophe. . . . . '
Accent aigu. . . . . ╯
Accent grave. . . . . ╲
Accent circonflexe. . . . . . . ᴧ

é-té, é-co-le, é-co-lier, ré-pé-té brû-lé
pè-re, mè-re, suc-cès, ac-cès, mi-sè-re,
pâ-té, tê-te, mê-me, gî-te, bû-che, cô-te,
dô-me, flû-te, pê-che, hâ-tif, im-pôt.

———— ⟩⟨⊙⟩⟨ ————

Venez ici, Léon, je vais vous apprendre la
division du temps. Il est honteux à votre âge
de ne pas encore la connaître.

Il y a quatre saisons : Le Printemps, l'Été,
l'Automne, l'Hiver.

Il y a douze mois dans l'année : Janvier,
Février, Mars, Avril, Mai, Juin, Juillet, Août,
Septembre, Octobre, Novembre, Décembre.

Les douze mois font trois cent soixante-cinq
jours.

Il y a quatre semaines dans un mois et sept jours dans une semaine : Lundi, Mardi, Mercredi, Jeudi, Vendredi, Samedi, Dimanche.

Il faut aussi que vous sachiez qu'il y a vingt-quatre heures dans une journée et soixante minutes dans une heure.

CHIFFRES ROMAINS

I	II	III	IV	V	VI	VII	VIII
un	deux	trois	quatre	cinq	six	sept	huit

IX	X	L	C	D	M
neuf	dix	cinquante	cent	cinq cents	mille

CHIFFRES ARABES

1	2	3	4	5	6	7	8	9	0
un	deux	trois	quatre	cinq	six	sept	huit	neuf	zéro

Quinze.	15	XV
Trente-trois.	33	XXXIII
Cinquante-neuf.	59	LIX
Soixante-dix-huit.	78	LXXVIII
Quatre-vingt-quatorze.	94	XCIV
Cent dix-sept.	117	CXVII
Cinq cent cinquante.	550	DL
Mille huit cent soixante-trois. .	1863	MDCCCLXIII

ANE

'Ane, de son naturel, est aussi patient que le cheval est ardent; il souffre avec constance les coups et les châtiments. Il boit aussi sobrement qu'il mange et n'enfonce pas son nez dans l'eau, par la peur que lui fait, dit-on, l'ombre de ses oreilles.

L'Ane s'attache beaucoup à son maître, quoiqu'il en soit souvent maltraité; il le distingue très-bien de tous les autres hommes et reconnaît les lieux qu'il a coutume d'habiter;

il est susceptible d'éducation, et l'on en a vu d'assez bien dressés pour faire la curiosité d'un spectacle. C'est un des animaux les plus utiles à la campagne, car il coûte fort peu à nourrir, ne demande guère de soins et rend de grands services par sa force à porter de lourds fardeaux. Si il a de grandes qualités, l'âne a aussi ses défauts. Son cri est très-bruyant et désagréable; quoique son caractère soit généralement doux, cet animal est capricieux et si têtu qu'on le tuerait plutôt que de lui faire faire ce qu'il a mis dans sa tête de ne pas faire; de là le proverbe *Têtu comme un âne*, qui, malheureusement, peut s'appliquer souvent à certains petits garçons.

BISON

Ce bœuf sauvage d'Amérique est de la taille d'un cheval, mais plus gros et plus bas sur jambes; son garrot, ou le haut de son dos porte une bosse volumineuse, en hiver tout son corps se couvre d'une toison brune et très-touffue. Le Bison, avec ses cornes, sa tête couverte de longs poils, ses yeux étincelants, son air farouche, comme s'il méditait une attaque, présente un aspect formidable. Cependant ces puissants animaux prennent la fuite à la vue de l'homme, à moins qu'ils ne soient blessés ; ils entrent alors en fureur et se ruent sur leur ennemi avec une force irrésistible.

Pour chasser le Bison, les Indiens s'assemblent en grand nombre et forment un vaste cercle ; puis ils mettent le feu aux herbes desséchées de la savane où le troupeau de Bisons est à paître. Quand ces animaux, effrayés par les flammes, fuient de toutes parts, la troupe de chasseurs resserre le cercle de plus en plus et les tue sans périls à coups de fusil.

Le profit que les Indiens tirent de cette chasse est très-grand ; car, outre la peau et la toison, qui ont beaucoup de valeur, la viande du Bison vaut celle du bœuf, et sa bosse est un morceau très-délicat.

CERF

De tous les animaux ruminants[1], le Cerf est le plus gracieux et le plus agile; ses jambes sont minces, son cou est long, son corps svelte est gracieusement arrondi, ses yeux, grands et expressifs, ont un regard vif et hardi. Sa tête est ornée d'un bois qui tombe et repousse chaque année. Jusqu'à six mois il s'appelle *Faon*, puis *Daguet*.

[1] On appelle ruminant les animaux qui remachent ce qu'ils ont déjà avalé.

2

Le Cerf a l'œil bon, l'odorat exquis et l'oreille excellente. Lorsqu'il veut écouter, il lève la tête, dresse les oreilles, et alors il entend de fort loin.

Outre l'ouïe et la vue, le Cerf est doué d'une intelligence qu'il déploie surtout lorsqu'il s'agit d'échapper à ses ennemis; poursuivi par des chiens, il passe et repasse plusieurs fois par le même chemin, afin de leur faire perdre sa trace; il se couche sur le ventre pour se laisser dépasser par la meute. Lorsqu'il est épuisé de fatigue, il vend chèrement sa vie, en se défendant avec ses bois contre les chiens et les chasseurs.

La Biche est la femelle du cerf; elle a le corps plus élancé et n'a pas de bois.

DROMADAIRE

Le Dromadaire se distingue du chameau en ce qu'il n'a qu'une bosse au lieu de deux; il en a du reste tous les autres caractères. Son estomac est garni de cellules dans lesquelles il emmagasine l'eau qu'il a bu, en sorte qu'il peut sans boire traverser, sous un soleil ardent, de vastes déserts; car il fait remonter l'eau à sa bouche par une simple contraction de ses muscles.

Les Arabes regardent le Chameau comme un présent du ciel et l'appellent le *Vaisseau du désert*. Son éducation demande quelques soins; on lui apprend d'abord à plier les jambes pour qu'on le charge d'un poids que chaque jour on augmente; on l'exerce à la course, puis on règle sa nourriture et on la diminue peu à peu au strict nécessaire, pour l'accoutumer à la sobriété.

Un Chameau, ainsi élevé, peut faire jusqu'à cinquante lieues dans une journée et rester huit jours sans boire ni manger. Sa nourriture consiste dans quelques feuilles d'herbes qu'il broute dans le désert et d'un peu d'orge et de farine.

Les Chameaux reconnaissent leurs chameliers dans une caravane et viennent s'agenouiller devant eux pour être déchargés de leur fardeau.

ÉLÉPHANT

plus juste titre que le lion, l'Eléphant mériterait le surnom de roi des animaux, car au courage et à la force il joint une intelligence qui l'élève au-dessus de tous les autres.

L'Éléphant est le plus gros de tous les quadrupèdes ; ses yeux, par rapport à son corps, sont excessivement petits, ses oreilles très-larges et son ouïe très-fine ; il est armé de

deux défenses longues et blanches qui four-
nissent l'ivoire, dont on fait un si grand usage.
Sa trompe est son arme principale; il la tourne
dans tous les sens et possède dans cette espèce
de membre une force telle, qu'il déracine avec
des arbres très-gros. Ces animaux, qui vivent
dit-on près d'un siècle, ont une grande affec-
tion pour leurs petits, dont ils prennent le
plus grand soin. Ils s'apprivoisent assez facilement et sont très-dévoués pour leur cornac.
Si l'Éléphant est reconnaissant pour les bons
traitements, il se venge toujours du mal que
l'on lui fait. On raconte qu'un jour, au Jardin
des Plantes, un petit garçon s'avisa de piquer
sa trompe avec une épingle au travers les
barreaux. L'Éléphant, blessé de cette méchan-
ceté, se retira un moment à l'écart, puis revint
et couvrit le vilain enfant d'un déluge d'eau
qu'il avait aspiré dans sa trompe.

FOURMILLIER=TAMANOIR

I se distingue par son long museau, sa gueule étroite dénuée de dents, sa langue longue et arrondie, qu'il insinue dans les fourmilières et qu'il retire ensuite pour avaler les fourmis, qui sont sa principale nourriture. Il a quelquefois un mètre de longueur, sans compter sa queue, qui a plus de cinquante centimètres. Ses jambes de derrière sont plus basses et plus épaisses que celles de devant et ses pieds sont armés de griffes; son pelage est brun et sa démarche lente.

Le Fourmilier-Tamanoir se sert de ses grandes griffes pour déchirer les ruches des poux de bois qui se trouvent sur les arbres, où il grimpe facilement. Il faut prendre garde d'approcher cet animal de trop près, car ses griffes font des blessures profondes; grâce à elles, il se défend, même avec avantage, contre les animaux les plus féroces, tels que les jaguars; il tue surtout beaucoup de chiens, et c'est par cette raison que, guidés par leur instinct, ils refusent de le chasser.

On le trouve surtout en Amérique.

GAZELLE

Rarement on trouve un animal aussi charmant; à une taille svelte et des membres très-fins il joint des yeux noirs, vifs et d'une grande douceur. Les mâles et les femelles ont les cornes disposées en lyre. Les oreilles sont grandes, et la queue courte et terminée par une touffe noire. Le pelage est fauve sur le dos; une bande d'un brun foncé suit les flancs, et le ventre est blanc.

Par leurs formes gracieuses, leur douceur, leur légèreté à la course, les Gazelles sont des animaux très-curieux; elles sont timides, paisibles et sociables. Elles vivent ordinairement en troupes et habitent principalement les contrées peu connues situées au centre de l'Afrique. On en trouve également en Asie et même en Amérique. Leur chair est très-estimée.

La chèvre sautante du cap de Bonne-Espérance ressemble beaucoup à la Gazelle; on l'appelle ainsi à cause des sauts qu'elle fait à l'approche du mauvais temps.

HIPPOPOTAME

Son corps est une masse informe que termine une tête encore plus informe, ses membres sont très-courts, le cuir épais qui le recouvre ne laisse voir aucune articulation. Il vit sur les bords marécageux des petites rivières; mais, au moindre bruit, à la plus petite alarme, il s'y plonge. Les plus grands Hippopotames ont jusqu'à trois

mètres de longueur. Cet animal est doué
d'une telle force, qu'il pourrait se rendre re-
doutable à tous les animaux, mais il est
naturellement si doux, et d'ailleurs si pesant
et si lent à la course, qu'il ne pourrait attraper
aucun des quadrupèdes; il nage plus vite
qu'il ne court; il chasse le poisson et en fait
sa proie; lorsqu'il sort de l'eau, ce n'est que
pour paître : il mange des cannes à sucre,
des joncs, du millet, du riz, etc.; il en
consomme une grande quantité, et fait beaucoup de dommage dans les terres cultivées.
Il fuit ordinairement lorsqu'on le chasse;
mais, si l'on vient à le blesser, il s'irrite, et,
se retournant avec fureur, se lance contre les
barques, les saisit avec les dents, en enlève
souvent des pièces et quelquefois les sub-
merge.

L'ivoire des dents d'Hippopotame est très-
estimé, ces dents pèsent quelquefois jusqu'à
six kilos.

ISATIS OU RENARD BLEU

C et animal peut se placer entre le renard et le chien. On le trouve surtout dans les terres du Nord, voisines de la mer glaciale. S'il ressemble beaucoup au renard par la forme de son corps et la longueur de sa queue, il ressemble plus au chien par la tête; son pelage est blanc dans un temps et

bleu cendré dans un autre; sa voix tient de
l'aboiement et du glapissement; il se fait un
terrier étroit, profond, à plusieurs issues, où
il porte de la mousse. Il mange des rats, des
lièvres et des oiseaux; il a pour ennemi le
glouton, avec lequel il lui faut combattre, surtout quand il se jette à l'eau et traverse les lacs
pour prendre les nids des canards et des
oies.

JAGUAR.

Après le lion et le tigre, le Jaguar est le plus grand des animaux de son genre. Il a près de deux mètres de longueur; son pelage, d'un fauve brillant, est parsemé de taches noires dans le genre de celles de la panthère, dont le Jaguar a les mœurs et la férocité. On estime beaucoup sa fourrure, et les Indiens qui habitent le Brésil lui font la chasse en déployant une audace dont peu d'individus sont capables. Armé d'un coutelas et portant un bouclier de peau de caïman, l'Indien se place en face du Jaguar en embuscade sur un arbre ou sur une pointe de roc : il le provoque, la bête féroce s'élance sur lui, mais, prompt comme l'éclair il se couvre de son bouclier et lui ouvre le ventre avec son coutelas.

Le Jaguar habite une grande partie de l'Amérique méridionale, il est surtout fort dangereux aux environs de Buénos-Ayres. Son cri ressemble à un son flûté ou à un râlement d'abord sourd, puis éclatant. Malgré sa grande taille, il grimpe aux arbres avec une extrême agilité et attrape les singes.

Son plus cruel ennemi est le fourmilier; quoique celui-ci n'ait pas de dents pour se défendre, dès qu'il est attaqué par un Jaguar, il se couche sur le dos, le saisit avec ses griffes, l'étouffe et le déchire.

KANGUROO

Cet animal très-singulier se trouve à la Nouvelle-Hollande; l'espèce la plus grande, appelée *Kanguroo géant*, est de la taille d'un mouton. Ses jambes de derrière sont trois fois plus longues que celles de de-

vant. Il se tient ordinairement le corps redressé
sur ses longues jambes repliées, et qui, avec
une queue énorme, appuyés sur la terre, lui
forment une sorte de trépied. On comprend
qu'avec des jambes disposées de cette manière il ne peut guère marcher, mais il saute
et franchit facilement des espaces de cinq ou
six mètres. Il n'a que trois doigts à chaque
pied ; ceux de devant, armés d'ongles, lui
servent à fouir son terrier et à porter les ali-
ments à sa bouche. Quand il est attaqué par
des chiens, il les saisit avec ses pattes de
devant et les frappe avec ses pattes de derrière, qui sont d'une grande force; enfin il
leur fait des blessures dangereuses au moyen
de l'ongle aigu et tranchant dont le doigt du
milieu est pourvu. Le Kanguroo n'a qu'un
petit à la fois. Après sa naissance, sa mère
le tient un certain temps abrité dans une poche
qu'elle a sous le ventre.

LION

e Lion est le plus noble, le plus fort et le plus terrible de tous les animaux; une longue et rude crinière, qui devient plus belle avec l'âge, ombrage sa tête et son cou. Sa taille est d'environ trois mètres de longueur sur un mètre et demi de hauteur; la femelle, plus petite dans toutes ses dimensions, ne porte pas de crinière; ses traits, moins prononcés, indiquent des inclinations plus douces. Sa force est dans l'amour maternel; dès qu'elle a des petits, elle ne connaît pas le danger et se jette indifféremment sur les hommes et les animaux, quel que soit leur nombre.

Le Lion n'attaque que par nécessité, sa voracité finit où ses besoins cessent; si la faim le presse, il tombe indifféremment sur tout ce qui se présente, et la résistance ne fait qu'augmenter sa rage; aussi est-il fort dangereux de le blesser sans le tuer. Sa vie est d'environ vingt-cinq ans.

Le Lion pris jeune peut s'apprivoiser et même s'attacher à ceux qui le soignent; il est très-rare qu'il tourne sa colère contre son bienfaiteur, mais il conserve très-longtemps le souvenir d'une injure.

MOUTON

amais, à l'exception du bœuf, nous ne rencontrerons un animal plus utile à la nourriture de l'homme ; la toison du Mouton lui fournit la plus grande partie de ses vêtements ; sa graisse ou suif est également un produit très-important ; le poids moyen d'une toison est de trois ou quatre kilogrammes. La tonte se fait tous les ans en été. Outre le parti qu'on tire de la chair et de la toison de l'animal, sa peau, préparée par les mégissiers et les chamoiseurs, devient, suivant la préparation, de la basane ou du parchemin.

La Brebis a beaucoup moins de lait que la chèvre; on en fait du beurre délicat, mais parfaitement blanc.

Tout le monde connaît le caractère doux, passif et même insignifiant du Mouton, son penchant à se réunir en troupeau, et à suivre aveuglément le premier en tête. Il est à présumer que le Mouton, à l'état sauvage, jouissait autrefois d'une intelligence plus grande, d'un instinct plus développé; mais aujourd'hui l'espèce du Mouton disparaîtrait si l'homme cessait de la protéger contre la dent des bêtes féroces.

Les Moutons qui produisent de la laine ne sont livrés à la boucherie que de huit à dix ans; on tue les autres à deux ou trois ans,

On distingue plusieurs espèces de Mouton; le Mouton *mérinos* remarquable par la beauté de sa laine, le Mouton à *large queue* et le Mouton *anglais* dont la laine est fine, lisse et très-longue.

NYLGAUT

e Nylgaut tient du taureau par les cornes et la queue, et du cerf par le cou et la tête, sa taille est celle d'un petit cheval, son pelage gris-ardoisé lui a fait aussi donner le nom de *taureau bleu*. Sur ses épaules s'élève une espèce de bosse surmontée d'une petite crinière, son pied ressemble à celui du cerf et sa queue est terminée par une touffe de grands poils noirs. Le Nylgaut n'est point agile comme le cerf, auquel il ressemble beaucoup, il court au contraire de mauvaise grâce. C'est du reste un animal doux et qui paraît aimer qu'on se familiarise avec lui; il lèche la main de celui qui le flatte ou lui présente la main.

Sa manière de se battre, quand quelqu'un de son espèce l'attaque, est fort singulière; les deux adversaires étant encore à une distance assez considérable l'un de l'autre, tombent sur leurs genoux de devant, et s'avancent ainsi agenouillés, puis font un saut et se précipitent avec fureur l'un sur l'autre.

ORNITHORYNQUE

oilà l'un des animaux les plus sin-
guliers de la classe des mammifères,
car à leur organisation, il joint un bec d'oiseau
analogue à celui du canard. Il a environ trente-
cinq centimètres de longueur, son corps est

couvert d'un poil roussâtre, ses pieds courts sont palmés comme ceux du canard et terminés par cinq doigts. Chez le mâle ces doigts sont pourvus d'un ergot qui sécrète un venin dangereux. On a cru quelque temps que cet animal, encore peu connu, possédait des œufs comme un oiseau, mais depuis on s'est assuré qu'il est vivipare. La femelle dépose ses petits dans un terrier qu'elle creuse au bord d'un lac ou d'une rivière. L'Ornithorynque vit de poissons qu'il prend en plongeant, et sa chair en exhale fortement l'odeur.

Ainsi cet animal bizarre joint au bec, attribut des oiseaux, les habitudes des amphibies, l'organisation des mammifères, et, par le poison qu'il sécrète, il rappelle les reptiles venimeux. Il habite la Nouvelle-Hollande.

PANTHÈRE

Plus belle que le tigre, la Panthère offre beaucoup de ressemblance avec le léopard; elle atteint jusqu'à un mètre quatre-vingts centimètres de longueur; sa robe, d'un fauve brillant, est ornée sur chaque côté de six ou sept rangées de taches noires en forme de roses; ses ongles sont tranchants et rétrac-tiles, comme ceux du chat, à la famille duquel elle appartient; son poil, court et lisse est blanc sous le ventre. Cet animal a l'habitude de grimper sur les arbres, de guetter sa proie, et de l'atteindre d'un seul bond en s'élançant de sa cachette.

La Panthère a toujours le regard féroce et inquiet, les mouvements vifs et le cri semblable à celui d'un chien furieux; elle n'attaque pas l'homme, mais, à la moindre provocation de sa part, elle s'élance sur lui et le met en morceaux avant même qu'il ait pu songer à se défendre.

Elle est commune en Afrique et dans les parties chaudes de l'Asie.

Il existe aussi dans l'île de Java une espèce de Panthère entièrement noire, mais elle est assez rare.

QUINCAJOU

ien que de la famille des singes, cet
animal a quelque ressemblance avec
le chat; il a la queue longue et la relève sur
son dos, pliée en deux ou trois plis; il a des
griffes et grimpe sur les arbres, où il se
couche pour attendre sa proie et se jeter
dessus pour la dévorer; il attaque ainsi l'o-

rignal, l'entoure de sa queue, et lui ronge le cou au-dessous des oreilles, jusqu'à ce qu'il tombe. Mais, si l'orignal peut gagner l'eau, il est sauvé, car alors le Quincajou lâche prise et reste à terre. Il se met souvent en embuscade, tandis que les renards marchent en avant comme ses éclaireurs et lui amènent sa proie. Il se trouve surtout dans les montagnes de la Nouvelle-Espagne et à la Jamaïque. Son attitude favorite est d'être assis sur ses pattes de derrière, le corps droit, avec un fruit dans les pattes de devant et la queue roulée.

RHINOCÉROS

près l'éléphant, le Rhinocéros est le plus puissant des quadrupèdes; il a au moins quatre mètres de longueur et deux de hauteur; s'il paraît plus petit que ce dernier, c'est qu'il a les jambes beaucoup plus courtes; son œil est aussi moins grand et son intelligence bien inférieure. Privé de toute sensibilité dans la peau, manquant de mains et d'organes distincts pour le sens du toucher, il n'est guère supérieur aux autres animaux que par la force, la grandeur, et l'armure offensive qu'il porte sur le nez et qui n'appartient qu'à lui; cette arme est une corne très-dure, solide dans toute sa longueur. Sa peau est rugueuse, et est une véritable cuirasse noirâtre, inaccessible aux balles et aux lances des chasseurs, qui profitent de son sommeil pour le percer au ventre, aux yeux ou bien autour des oreilles, seuls endroits qui soient pénétrables.

Le Rhinocéros est naturellement d'un caractère doux et paisible; mais, quand on l'attaque ou qu'on le provoque, il devient fort dangereux. Alors on le voit bondir avec fureur, s'élancer en bonds impétueux et se précipiter droit devant avec une vitesse et une force irrésistibles. Il vit solitaire, fréquente de préférence les endroits aquatiques. Il se nourrit de fruits, légumes, feuilles et grains; tout lui est bon.

SARIGUE

Ainsi que le kanguroo, la femelle a sous le ventre une poche où elle renferme et allaite ses petits, qui, au moment de leur naissance, ne sont pas plus gros que des mouches. Ils restent attachés dans la poche extérieure de leur mère jusqu'à ce qu'ils aient assez de force et d'accroissement pour se mouvoir aisément. On peut ouvrir

4

cette poche, regarder et même compter les petits sans les incommoder. Après l'avoir quitté e,
ils y rentrent pour dormir et aussi pour se ca-
cher lorsqu'ils sont épouvantés. La mère fuit
alors et les emporte tous, mais elle marche
mal et court lentement. En revanche, elle
grimpe sur les arbres avec une extrême facilité,
se cache dans le feuillage pour attraper les
oiseaux, ou se suspend par la queue.

La Sarigue mange de tout et s'apprivoise
aisément, mais elle dégoûte par sa mauvaise
odeur et déplaît par sa vilaine figure, ses
oreilles de chouette et sa queue de serpent.

TIGRE

l est à peu près de la même taille que le lion, mais plus bas sur jambes. Le Tigre est la plus grande et la plus terrible espèce de son genre. Tous ses mouvements sont vifs et agiles. Sa peau, marquée de larges bandes noires sur un fond fauve, qui commencent sur le dos et se rejoignent sous le ventre, offre un coup d'œil agréable. Son poil est doux et luisant.

Plus sanguinaire que le lion, sa force et sa

férocité le rendent la terreur des contrées qu'il habite; il tue pour le plaisir de verser le sang, mais il met plus de ruse pour s'approcher de sa proie et plus d'audace pour la vaincre. Heureusement son espèce n'est pas nombreuse; elle est confinée dans les parties les plus brûlantes de l'Afrique et de l'Asie.

La femelle, comme la lionne, produit quatre ou cinq petits; elle est alors encore plus furieuse que le mâle, et sa rage ne connaît point de bornes quand on les lui ravit.

On fait la chasse au Tigre de plusieurs manières; tantôt on le poursuit avec des éléphants, tantôt on s'enferme, bien armé, dans une cage de fer, avec une brebis qu'on force de crier; le Tigre venant, on le tue à bout portant, à travers les barreaux de la cage.

UNAU

O n donne encore à cet animal le nom de paresseux, à cause de sa marche lente et embarrassée. Ses membres de devant étant très-disproportionnés avec ses membres de derrière, il est forcé de se traîner sur les coudes. Ses yeux sont obscurs et couverts, sa mâchoire lourde et épaisse, son poil semblable à de l'herbe séchée. Il n'a point de doigts séparément mobiles, et ses ongles sont très-longs.

On le trouve surtout dans les forêts de l'Amérique méridionale, où il se nourrit de feuilles et d'écorce. Confiné à la motte de terre, à l'arbre sous lequel il est né, il ne peut parcourir que trois ou quatre mètres en une heure.

Il a beaucoup d'ennemis, les hommes et les animaux le recherchent et le tuent pour sa chair, qui n'est pas mauvaise.

Quoiqu'il soit lent, gauche, presque inhabile au mouvement, il est dur, fort de corps et vivace.

Certains naturalistes prétendent que l'Unau, si paresseux à terre, est très-agile dès qu'il se trouve sur les arbres.

VACHE

Parmi les quadrupèdes ruminants, la Vache se distingue par son corps trapu, ses membres courts et robustes et son cou garni en dessous d'une peau lâche qu'on appelle *fanon*. Son cri est un mugissement grave, sourd et prolongé.

Son pelage, ordinairement rougeâtre, noir ou blanc, se mélange souvent de ces trois couleurs, plus le poil est rouge, plus il est estimé.

La Vache peut servir également à labourer, mais il faut l'assortir avec un bœuf de sa taille et de sa force, afin d'obtenir un trait égal.

Le produit de la Vache est un bien qui croît et qui se renouvelle à chaque instant : le lait est l'aliment des enfants, le beurre l'assaisonnement de la plupart de nos mets, et le fromage la nourriture la plus ordinaire des habitants de la campagne.

Les Vaches noires sont celles qui donnent le meilleur lait, et les blanches celles qui en donnent le plus.

La peau de la Vache s'emploie à faire des chaussures.

HYÈNE

Cet animal a quelque rapport avec le loup par son naturel carnassier, sa taille et la forme de sa tête; le poil de son cou est hérissé en forme de crinière et son pelage est d'un gris jaunâtre rayé de noir. Cet animal sauvage et solitaire demeure dans les cavernes des montagnes, dans les fentes des rochers, ou dans les tanières qu'il se creuse lui-même sous terre : il est d'un naturel féroce, mais on a exagéré beaucoup sa férocité; son regard en dessous, sa méchante mine ont contribué à lui donner cette réputation. Le fart est susceptible d'être apprivoisé étant jeune.

L'Hyène vit de proie comme le loup, mais elle est plus forte et paraît plus hardie, elle attaque quelquefois les hommes, se jette sur le bétail, suit de près les troupeaux, et souvent rompt dans la nuit les portes des étables et les clôtures des bergeries, ses yeux brillent dans l'obscurité, et l'on prétend qu'elle voit mieux la nuit que le jour.

Son cri ressemble aux sanglots d'un homme, ou plutôt au mugissement du veau. Si la proie lui manque, elle déterre dans les cimetières les cadavres d'hommes et quelquefois d'animaux; on la trouve dans presque tous les climats chauds de l'Asie et de l'Afrique.

ZÈBRE

Entre le cheval et l'âne le Zèbre tient en quelque sorte le milieu. Il est peut-être de tous les animaux qua-drupèdes le mieux fait et le plus élégam-ment vêtu. Il a la figure et les grâces du cheval, la légèreté du cerf, et la robe rayée de rubans noirs et blancs disposés avec tant de régularité et de symétrie, qu'il semble que la nature ait employé la règle et le compas pour la peindre. Cet animal appartient à l'Afrique méridionale. Le Zèbre se réunit en troupes dans les vastes solitudes de cette contrée, dont il fréquente principalement les parties montagneuses. Défiant et farouche, tous les efforts tentés jusqu'ici pour l'apprivoiser et le rendre utile à l'homme n'ont eu aucun succès. Son caractère opiniâtre, irascible, est ennemi de toute contrainte. Il paraît d'ailleurs que cette même contrainte nuit au développement de sa taille, car on raconte qu'un jeune Zèbre né en Angleterre, séparé de bonne heure de sa mère, nourri de lait de vache et privé d'exercice, est resté de la taille d'une chèvre.

COMPLIMENTS ET FABLES

POUR LE JOUR DE L'AN ET LES FÊTES

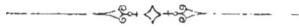

Pour le premier jour de l'an,
Je t'offre un baiser, maman ;
Rends-le-moi ; me voilà quitte.
Quitte ! je te dois encor ;
Pour payer, je sollicite
Le doux plaisir de t'embrasser plus fort.

———

Des joujoux, des bonbons, voilà ce qu'aux enfants,
En ce jour désiré, prodiguent les parents,
Pour qui la mérita, récompense assurée ;
Mais bonbons et joujoux sont de courte durée.
Aussi, moi, je préfère à tous ces cadeaux-là
Un tendre et doux baiser donné par mon papa ;
Puis un autre aussi doux, que me promet, j'espère,
L'inépuisable amour d'une excellente mère.

———

Pour étrennes je veux vous offrir en ce jour,
  Mes chers parents, ce qu'on offre à mon âge :
Un compliment, et puis beaucoup d'amour.
Papa, maman, je ne puis davantage ;
  Mais au ciel vont monter mes vœux :
Je le prierai pour qu'il vous dédommage
En répandant sur vous mille dons précieux.

———

  Mère, c'est aujourd'hui ta fête,
C'est jour de joie et de bonheur !
J'ai des fleurs pour orner ta tête,
Un baiser pour charmer ton cœur.

J'ai des vœux aussi que j'adresse
A Dieu qui peut les exaucer ;
J'y joins une extrême tendresse
Et le besoin de t'embrasser.

———

Père, tu sais combien je t'aime,
Et qu'avec un bonheur suprême
Je le redis sans me lasser ;
Or, que ce soit ou non ta fête,
Ma bouche sera toujours prête
A te bénir, à t'embrasser.

———

LE LION ET LE RAT

Il faut, autant qu'on peut, obliger tout le monde.
On a souvent besoin d'un plus petit que soi.
De cette vérité deux fables feront foi,
    Tant la chose en preuves abonde.

    Entre les pattes d'un lion,
Un rat sortit de terre assez à l'étourdie.
Le roi des animaux, en cette occasion,
Montra ce qu'il était et lui donna la vie.
    Ce bienfait ne fut pas perdu.
    Quelqu'un aurait-il jamais cru
    Qu'un lion d'un rat eût affaire?
Cependant il avint qu'au sortir des forêts
    Ce lion fut pris dans les rets,
Dont ses rugissements ne le purent défaire.
Sire rat accourut, et fit tant par ses dents,
Qu'une maille rongée emporta tout l'ouvrage.

    Patience et longueur de temps
    Font plus que force ni que rage.
                              LA FONTAINE.

LA COLOMBE ET LA FOURMI

L'autre exemple est tiré d'animaux plus petits.

Le long d'un clair ruisseau buvait une colombe :
Quand, sur l'eau se penchant, une fourmi y tombe.
Et dans cet océan on eût vu la fourmi
S'efforcer, mais en vain, de regagner la rive.
La colombe aussitôt usa de charité :
Un brin d'herbe dans l'eau par elle étant jeté,
Ce fut un promontoire où la fourmi arrive.
        Elle se sauve. Et là-dessus
Passe un certain croquant qui marchait les pieds nus
Ce croquant, par hasard, avait une arbalète.
        Dès qu'il voit l'oiseau de Vénus,
Il le croit en son pot, et déjà lui fait fête.
Tandis qu'à le tuer mon villageois s'apprête,
        La fourmi le pique au talon.
        Le vilain retourne la tête :
La colombe l'entend, part, et tire de long.
Le souper du croquant avec elle s'envole :
        Point de pigeon pour une obole.

La Fontaine.

PARIS. — IMP. SIMON RAÇON ET COMP., RUE D'ERFURTH, 1

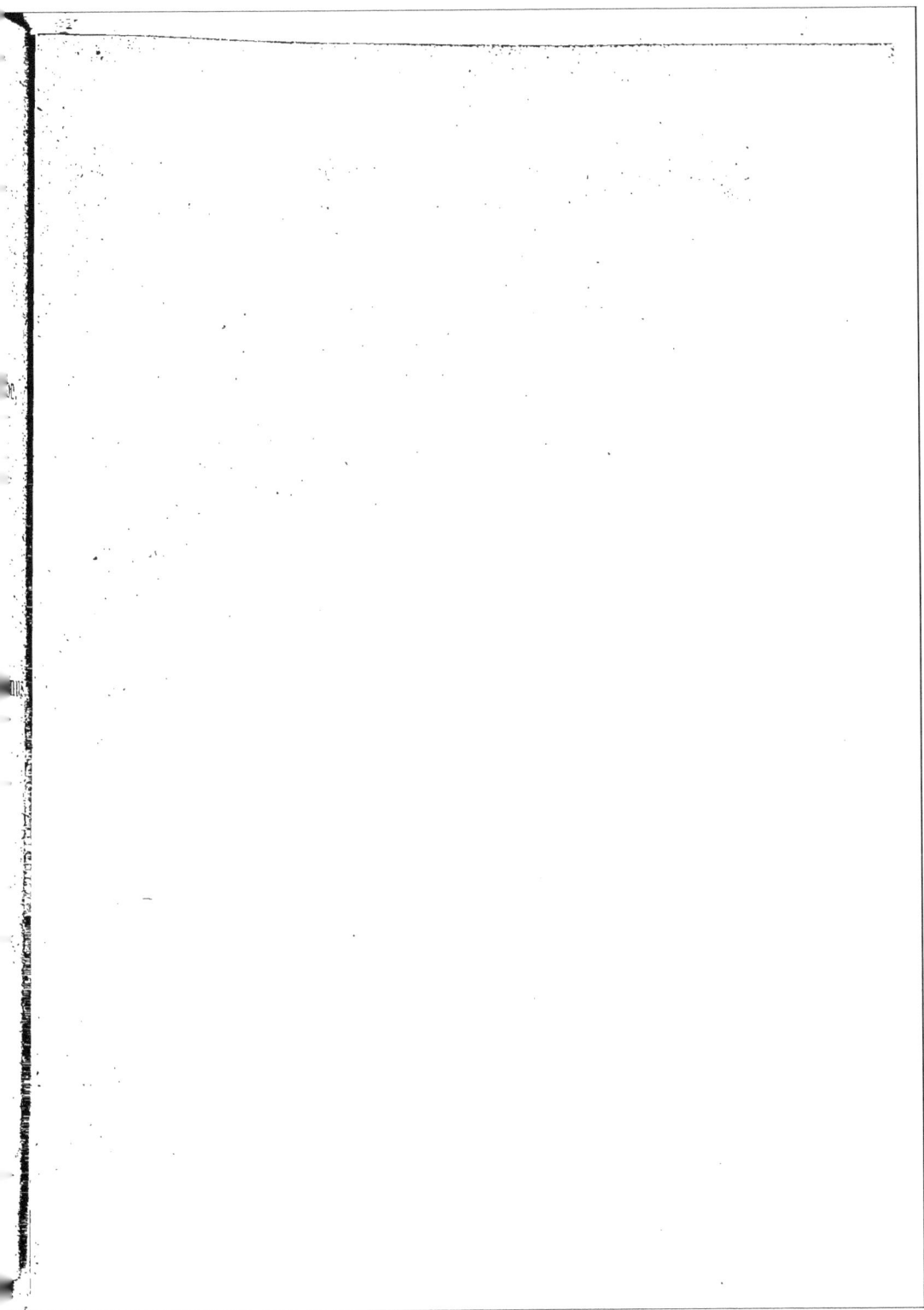

www.ingramcontent.com/pod-product-compliance
Lightning Source LLC
Chambersburg PA
CBHW070944280326
41934CB00009B/2013